JN440185

김복희 시집

겨울 담쟁이

문학사계

머리말

비바람이 휩쓸고 지나간 담벼락에 집요하게 붙어 있는 담쟁이덩굴을 바라본 적이 있습니다. 담쟁이덩굴 같은 젊은이는 도시의 공해 가운데 온갖 소음이 들려와도 아랑곳하지 않은 채 하늘 높이 서있는 고딕 빌딩을 끝없이 오르며 창문을 닦고 있었습니다.

오로지 밝음을 향해 바람벽을 타고 오르는 그 청년처럼 저도 굴광성식물을 닮았나봅니다. 무성했던 푸른 잎이 붉게 단풍들면서부터 울긋불긋 단장하는 산천초목처럼 저도 가슴에 불타는 언어들을 한 곳에 모아 두 번째 시집을 상재하게 되었습니다.

비록 수줍고 어눌한 시어들이지만, 흔들릴 때마다 아픔을 태우면서 따뜻하게 스미는 언어를 갈구했습니다. 냉랭한 가슴들을 따뜻하게 데웠으면 좋겠다는 생각에서 용기를 내었습니다.

부족한 글을 마다하지 않으시고 해설을 써주신 황송문 교수님께 마음 깊이 감사드리며, 이 책을 하늘에 계신 어머님께 바칩니다.

단기 4347년(서기 2014년) 10월
문수산 자락에서
김복희 적음

차례

III. 영혼의 날개 _91

I. 비움의 수행

모자이크

- 음반

소리를 짜깁기한다
새소리 물소리 바람소리를.

전선줄에도 악보가 널려 있다
제비들은 지줄지줄 참새들은 짹짹짹짹
마디마디 한음한음
옥구슬을 꿰어가는 神의 손가락.

소리가 조율될수록
피아노 연주에 맞추어
다채로운 소리의 색깔들로
어둠은 밝음에 기꺼이 먹히고

상처는 아름답게 어울려
그리움도 화음이 되어
환희의 불꽃을 튕긴다.

가슴마다 영혼의 날개를 달고
노을에 비상할
소리의 조각보를 만든다.

풀꽃 향기

청라靑羅 언덕에
꽃씨를 뿌렸더니
어느새 새싹이 돋아나네.

정성으로 가꾸니 뿌리가 내려
언제 어디서나
카메라 앵글을 맞추면
나도 모르게
저절로 피어나는 풀꽃 향기

아픔이 찾아와도
친구처럼 늘 함께하며
한을 안으로 다스리는
동그란 미소

보람의 꽃잎에
연민의 눈빛 보내면
초록 문이 열리며
짜릿한 향내 뿜어 나오네.

성냥개비

전쟁 같은 삶이다.

생활의 성냥갑 속에서
나란히 누워 있으면 편안한데
끓어오르는 열정을 참지 못해
잠시 마찰을 일으키면
원수처럼 시퍼런 눈빛으로 점화한다.

불붙지 않으려고
솥을 걸어 물을 붓고
부글부글 잡생각을 끓이다보면
끓는 물에 평화가 온다.

노을이 사라지기 전에

갈등과 대립의 화약고를 탈피해서
재빠르게 빠져 나온
여백의 시간
시 하늘과 시 바다에 불을 붙인다.

어떤 풍경

서울역 지하통로 바닥에
상자를 깔고 누워 있는 사람들

한때는 푸른 꿈 날개 펴고
야심차게 날았을 젊은 날의 청춘들

냉기 흐르는 어둠 속에서
먼지를 뒤집어쓰고
통증을 참아가며 누워 있다.

눈을 감고 있어도
귀로 들리는 세상의 쓴 소리
지하 속 풍경들이 떠다닌다.

경제대국이라는데

여기는 소외지대

허울 좋은 그림이 바래가고 있다.

겨울 담쟁이

찬바람 부는 세상에서
취업하기 위해
담벼락을 기어오르는 젊은이들

밤낮으로 도전해 보지만
높은 벽을 넘지 못한 채
비정규직으로
아슬아슬 담장에 붙어 있다.

열심히 하라고 잘할 수 있다고
믿어주고 챙겨주는 이 없는
험난한 세상에서
남의 집 담을 넘듯 위태롭다.

언제쯤 정규직이 되어
바로 설 수 있을까
끊길 듯 밧줄에 악착같이 달라붙어
빌딩 유리창을 위태롭게 닦고 있다.

봄은 오는가

인천 자유공원 벤치에
봄 햇살 가득한데
마음은 왜 이리 추울까.

매서운 겨울 어둠 속에서
떨며 잠자던 동굴을 빠져나와
한 가닥 생명줄을 내리는
陽光……

봄은 오는데
세상은 왜 추울까
월세 값 못낸 세 모녀
번개탄 피워놓고
타버려 재가 되다니!

우주는 뜨거운 숨결 살아나
환희를 부르는 봄이 오는데
내 가슴에는 언제 봄이 오는가.

봄비

- 계모사건

생명의 젖줄이 내리는가.

가뭄 끝에 내리는 비
겨우내 어둠 속에서 웅크리고 잠자던
태아들이 젖을 물고 환희를 외치며
세상 밖으로 나온다.

사랑의 햇빛을 받아
탐스럽게 꽃피고 열매 맺을
어린 싹들이 계모에 의해
칠곡에서는 장파열,
울산에서는 갈비뼈가 부러져
뿌리째 뽑히다니!

아무리 오탁의 세상이지만
이 나라 기둥 될 어린 나무들을
무참히 잘라냈단 말인가.

처연한 젖줄이
부슬부슬 가슴을 적신다.

철조망 가에서

- 망초꽃

녹슨 휴전선 철조망
구멍 뚫린 철모 사이에
망초꽃이 피어 있다.

포성도 멈추고
포연도 사라진 골짜기에
무슨 생각에 웃고 있는가.

슬픔이 넘쳐넘쳐
미움도 침묵하다가
회한의 손을 흔드는가.

산비둘기가 시간을 쪼아 먹는

음산한 지뢰지대에서
철모를 뚫고 올라온
꽃들도 미쳤는지 손을 흔든다.

한의원에서

무심히 살다가
방심만큼 늘어난 인대
반란이 시작되었다.

얼마나 놀랐기에
막힘을 뚫어보려고
침을 꽂으니 피가 소리친다.

세상사 막힌 것 너무 많아
살기 힘든 서민들처럼
부실한 몸에도 구멍을 내면
생명의 통로가 열리는가.

불안과 공포의 전율 속에서

하루하루 힘겹게 살아가는
서민들의 소박한 꿈
막혔던 터널이 뚫리고 있다.

비움의 수행

무지를 청산하기 위하여
낡은 의식의 문을 열어젖힌다.

몸에 미치는 생각 없이
좋다하면 참지 못하고
성급히 먹어대는 식탐 습관

몸에 좋은 보양식도
때로는 속이 부대끼고 비틀린다.

비워야 담기는 것을
부실한 체력으로 종종걸음 치며
무엇이든 채우기에 급급했던 생활

죽비 치듯 몸속을 겨냥하며
깨달음의 침을 놓고 있다.

양파

냉장고 아늑한
검은 봉지 속의 생명 하나
오래도록
꿈을 잃지 않았네.

물 한 모금 없이
어둠의 긴 시간을
겹겹이 끼어 앉은 욕심의 끈을
하나 둘 내려놓으며

몸은 사위어 가도
하얀 맨발로 굳건히 일어서
꿈을 키워온 긍지
세상 빛이 환이 보이네.

촛불

불꽃은 가녀리게
흔들리고 떨면서도
어둠을 밝히려 하네.

삶은 그네타기
이리저리 흔들리는 심지를
오직 지극한 신념으로

흔들리다 바로 서고
떨면서 털어내야 하는
무한한 정화의 시간

어두운 세상에
자유로운 밝음이 오길
간절히 몸 사르며 기원하네.

풍란

맨발로 절벽을 오르듯
백자 화분에
하얀 뿌리를 걸치고 있다.

어떤 고난도 물리칠 기세로
밤새 작은 봉오리 매달고
쭉쭉 뻗으며 정진하고 있다.

학처럼 하얀 날개 펴고
선녀처럼 날아서 신비경 보이며
그윽한 향기 피워내기를

간절히 발원하는 지혜의 눈
방울방울 바람을 타고
아기별 꽃등 환하게 밝히네.

분수

산정호수 위를
선녀처럼 날개를 펴고
하늘로 피어오르는
진혼의 나팔소리가 퍼진다.

치마폭을 휘날리며
떠나간 사람 부르듯이
안개같이 흐르다가
목매인 울음을 뿌려댄다.

바람의 선율을 타고
물결 위에 반짝이는 염원의 날개,
병풍 같은 명성산을 바라보며
흔적 없는 영혼이 날고 진다.

시전詩田

호미를 들고 시의 밭을 간다
고랑에 소복한 잡생각을 뽑아내면
소록소록 자라나는 시심
고구마 줄기처럼 뻗어나간다.

작열하는 태양 아래서
밭일에 몰두하다보면
따가운 햇볕은 얼굴을 핥고
맺히는 땀방울들
토란잎 위에 굴러 떨어진다.

바람은 어딜 갔을까 두리번거리면
"나도 보아 주세요" 하며
망초꽃 똘망똘망 눈을 맞춘다.

모든 존재가
존귀하게 공존하는 시의 밭에서
살기 위해 버둥대는 몸부림들을
호미로 살살 파서 걷어 올리면
줄줄이 걸려나오는 고구마들
詩의 밭에 불이 켜진다.

말 자르기

덧없는 세월이
많은 생각을 품고 있다가
누가 이야기할 때
갑자기 떠오르는 바람의 말

눈치 없이
남의 말이 끝나기도 전에
딱 잘라 먹는다.

재치는 재빨리 굴러가고
목소리 큰사람 또 딱 잘라 가는
입김 센 세상

생사람 잡는 칼날이 되기도 하고

제 그림자 눕히고 번지는
어둠이 되기도 하는 말,

낡아서 꼬리 잘라진 말들은
허공을 허탈하게 떠돌다가
바람에 밀려 멋쩍게 돌아오는
삭아가는 두려움의 번뇌인가.

선인장

갑옷 같은 단단한 몸에
창칼보다 날카로운 침으로
누구도 접근하지 못하게
자신을 무장하고 살지만
가슴은 푸르게 타올라 불꽃이 튄다.

끝없는 사막을 달리듯
긴 세월 목이 말라도
사랑의 열정을 쏟아 부으며
불길 세차게 당기더니
마침내 오아시스를 만나
빨간 영혼 꽃이 피었네.

비바람 몰아쳐도

흔들림 없는 품격으로
신비스러움 간직하며
신성한 열정의 홍등을 달았네.

바닷가 모래밭에서

을왕리 바닷가 모래 위를
맨발로 걸어가면
발바닥에 걸리는 작은 돌
묻어둔 추억이 반짝인다.

속내를 감추고
밀고 당기던 그때처럼
밀물과 썰물이 수없이 스쳐 갔을
조약돌 속에

무수한 젊은 날의 시간들
들뜨던 흔적들이 햇살아래
보석처럼 빛나고 있다.

내 가슴은 푸른 바다
갈매기 은빛 날개 일제히 하늘을 덮는 듯
모래 속에 묻혀 있던 그리움 팔딱이며
노을 지는 바다 위를 날고 있다.

겨울 장미

한적한 길가에
장미 한 송이 피어 있다.

뜨거운 사랑에 데었는지
된서리 맞은 듯 온몸이 얼어 있다.

고즈넉한 담장 아래
선홍색 가슴으로 꽃망울 터뜨리다
멈춰선 채 아픔을 삼키며
해를 바라보는 눈빛이 깊다.

숨이 막히게 그리워도
간절한 기다림으로 제자리 지킨다.

불같은 사랑
불꽃 튕기는 그날을 위해
엷은 햇살아래 담담한 향기 피우며
노을 속으로 빠져드는 그리움
초연히 새날을 꿈꾸고 있다.

설야雪夜에

밤하늘에
하얀 눈송이가 솔솔솔솔
아픔을 감싸며 내리네.

철없던 시절 망아지가 뛰놀듯
이야기꽃 피우며
슬픔 없는 세상을 만들자하네.

원수도 용서하고
상처를 어루만져주라고
천사들이 살살살 내려오네.

하늘을 향해 두 팔을 벌리고
반갑게 맞이하는 화해의 정

"그동안 미안했다" 하며
그리움의 눈으로 바라보네.

시클라멘*

초겨울 창가에 따스한 입김으로
여름내 목말랐던 갈증을 푼다.

끝없는 열기를 온몸으로 막으며
속으로 참았던 은밀한 눈물

차가운 체온 속의 꽃봉오리
오골오골 밀어 올려 피는 소리.

다산을 위해 굴뚝에 연기 피워
달에게 보내듯

가슴엔 운무가 걷히고
맑은 숨결이 광명으로 다가온다.

*시클라멘- 겨울에 개화하는 꽃.

가벼움에 대하여

술 담배를 즐기는
20대 젊은 여자들
책도 안 읽고 성형만 한다.

속은 비어 있어도
겉치레만 좋아하여
너도 나도 따라가는
성형수술 공화국.

부모에게 받은 몸
감사해하며 살아야 하는데

잘나지도 못한 주제에
속은 제대로 채우지도 않고
애매한 콧대를 세웠네.

Ⅱ. 붉은 꽃

건망증

생각의 신호등이 깜박거리네.

시어머니 생신 미역국을
산후조리 하던 때를 생각하다가
새까맣게 태운 지가 엊그제인데

외출하려고 집을 나서다
불현듯 다시 돌아가는 발길,

숨 가쁘게 올라오는 승강기
구층이 구십층 같네.

무성하던 푸른 기억들 어디로 갔기에
달아나는 세월바람 잡지 못하고

마음만 앞서가는 짙은 조바심

가슴엔 아직 단풍들지 않았건만
일어났다 꺼지고 생각났다 놓치는
늦가을 낙엽
허공 속의 바람 따라 빙빙 떠도네.

종소리

언제까지나
맑고 투명한 음성으로
내게 다가오는 은은한 소리

모진 세파 몰아쳐도
내 안의 회오리바람 막아주는
거룩한 울림이네.

그 소리는 언제나 내 곁에서
살아 숨 쉬는 지킴이의 빛으로
사라졌다 다시 오는 메아리이기에

영원한 청정의 소리 들으며
마음의 심지 굳건히 세우면
늙음과 죽음도 두렵지 않다네.

붉은 꽃

그이의 딸기코에
사자가 다녀갔다.

밥보다 술을 더 좋아하더니
간경화에 걸렸다.

얼마 전부터
코끝에 붉은 꽃이 피었다고
귀띔을 하여도 콧방귀만 뀌더니
사자를 보고서야 시름이 깊다.

젊어서부터 술로 인한 스토리가
너무 많은데
그래도 아쉬운지 의사에게 물으니

"원 없이 드셨으니 다른 세상에 가셔서 드세요"
하는 말에 얼굴빛이 노랗다.

딸기코가 더 번지기 전에
따끔한 경고는 약이 되겠지만
막상 패기가 사라진 구리 빛 얼굴의
노란 눈을 보니
메마른 눈가에 샘이 고인다.

봄소식

창밖에 매화 꽃봉오리
오랜 잠에서 깨어나는가.

생사의 갈림길에서
깨어날 줄 모르는 긴 밤을 지나더니

고통의 굴속에서 칼바람에 베어
쓰러지는 환자를 보아도
굳건히 버티며
입춘의 봄소식을 듣는다.

꽃 대궁을 밀어 올리듯
주먹을 불끈 쥐고
언 땅에 꿈틀거리는 생명줄 하나

겨울 방에서
부러움의 눈빛을 받으며
가슴에 봄소식을 가득 안으니
세상이 온통 푸르다.

담쟁이

높은 벽을 넘기 위해
한발 한발 오른다.

끊임없이 쉬지 않고
밝음을 향해 더듬거리면서

억척스럽게 담벼락에 붙어
바람벽을 타고 오르는
끈질긴 끈기와 집념,

오랜 세월 같이해도
숨이 막히는
그대와의 대화를 향해
소통을 위해 손을 뻗는다.

눈꽃열차

눈꽃열차를 탔다
태백의 설원을 보기 위해.

출발 5분 전
그이의 떨리는 목소리
일행을 남겨둔 채 열차에서 내렸다.

눈발은 허공을 떠돌며
시장 상인들의 얼굴을 더듬듯
식품을 만지며 지나간다.

불안과 공포를 안고
눈발 속을 달린다.

한숨은 투명한 이슬로
아직도 건너지 못한 고행의 바다
너울 속에서
내 가슴 눈꽃열차는
설원을 달린다.

함께 가는 길
- 문수산에서

하루의 햇살이 열릴 때
문수산 소나무 숲길을 오르면
물오른 새순들이 휘파람새를 부른다.

솔잎을 자분자분 밟으며
분주한 마음 한발 한발 내려놓으면
문수사 염불소리 들리는 듯
마음이 새처럼 높이 날아오른다.

황사 바람에 힘겨워하는
그이의 마음이 무너지지 않도록
산사람의 긍지 세우며
긴 숲길을

끈기 있게 오르다보면
어느새 우리는
소나무를 닮아가는 동행이 된다.

왜구의 침략에 맞서
치열하게 대항한 선조들의
푸른 정신 기리며 함께 가는 길
햇살 가득 따사롭다.

잔치국수

강화에 가면
허름한 뒷골목에 어머니 손맛 닮은
잔치국수집이 있다.

언니가 결혼할 때
동네 사람들과
왁자지껄 먹었던 그 맛을 낸다.

끼니때가 지난 시간이지만
하나 둘 찾아와
그리운 그 품에 안겼다 간다.

세상이 변했다 해도
언제나 고향에서 친척들과

북적대며 즐겨먹던 국수

아들아, 너는
언제 국수 먹게 해줄 테냐?

눈빛 가지런히

가뭄 끝에 촉촉이 비가 내리면
소복이 올라온 어린 풀들
건드려만 주어도 잘 뽑히는데

하루하루 미루다가 커져간 풀은
있는 힘을 다해 파고 뽑아도
뿌리는 좀처럼 뽑히지 않는다.

사소한 버릇이나 미루는 습관들,
초기에 잡지 못해 흙처럼 덕지덕지
뿌리에 붙어 떨어지지 않는

그른 것을 옳은 것처럼
자존심 키워온 허물들,

급변하는 시대에 왕따 될까 두려워
마음의 창을 열어젖히고
눈빛 가지런히 거울 앞에 앉는다.

복지관에서

치매 걸린 어른들에게
'어머니' 시를 읽어드렸다.

조용히 감으시던 희미한 눈에
말없이 눈물이 고이고

가슴에 불이 붙는지
점점 세차게 흐느끼신다.

응어리가 풀리시는지
가슴에서 가슴으로 넘나드는
해변의 저녁노을

적막에 휩싸여 떠나가신
어머니의 떨리는 소리 들린다.

법당 가는 길

천지의 기운을 받으려고
마니산을 오른다.

아카시아 뿌리처럼 뻗으며
허영과 욕심으로 피폐해진 심신

번뇌의 아궁이에 불을 지피면
의지의 솔가지가 향불처럼 타오른다.

산까치들 경 읽는 소리에
닫힌 가슴 시원하게 열린다.

산 법당 가는 길은
마음자리 찾아가는 길.

자수

언니가 수를 놓는 날은
괜스레 심술이 났다.

입 안 가득 미소를 머금고
수를 놓는 목련의 모습

탐내는 사람 많았지만
아버지가 정해주신
외로운 사람 만나
창백하게 떨어진 꽃잎.

하얀 옥양목에 학을 수놓고
학처럼 날개 펴고 살지도 못하다가
홀연히 떠나간 슬픈 자수 위에
목련꽃잎이 눈물처럼 흐드러진다.

허공에

'어울림 축제' 공연을 위해
우쿨렐레 레슨을 하는데
악기는 낯을 가리며 나를 거부한다.

연인처럼 붙어 앉아
열심히 어루만지다보니
손목은 아프고 손톱도 다 달았다.

법을 잘 지켜야 아름다워지는
의욕만큼 되지 않는 화음,
허공에 소음 가득 채우며
오늘도 수행하듯 주법을 익힌다.

지팡이

능내리 정류장에서
혼자 사는 할아버지가
지팡이에 몸을 의지한 채
버스를 기다리고 있다.

몇 해 전만 해도 할머니와 함께
농사를 지셨는데
어느새 남루한 모습
우두커니 서계신다.

할머니는 홀로된 자식의
손자를 셋이나 키우시며
빈 하늘만 바라보더니
기어코 치매 시설에 들어가셨나.

서로가 서로에게
버팀목이 되어주었던 시간들
동공 깊이 그리움으로 출렁인다.

날은 어두워지는데
행여 만나려나
오늘도 절룩거리며 길을 나선다.

배추 밭에서

을씨년스러운 날
배추밭에서는 고뇌하는
배추들의 신음 소리 들린다.

국지성 호우로 몸살을 앓다가
겨우 몸을 추슬러 일어서려는데
차가운 강풍이 다시 몸을 눕혔다.

힘내려 하면 비오고
용기 내려하면 된서리 내려
몸도 마음도 오그라드는 저물녘

하늘에 연기는 피어오르는데
야행성 벌레들의 호흡 거칠어
배추울음 좀처럼 멎지 않는다.

지렁이 악사

行雲流水 흐르는 장터에서
지렁이처럼 기어가고 있네.

고무바지를 입고
바구니를 밀며
더듬더듬 배로 누비면서

성한 몸으로도 힘겨운 세상에
다리 잘린 토막 몸으로
답답한 가슴 바닥에 비비면서
한을 노래로 풀어가는
역설의 슬기,

지렁이처럼

한 템포 늦추며 기어가면서도
살아있음에 감사해하며
빛을 향하여 뻗어가는 애절함
심장의 박동을 노래로 풀고 있네.

모과나무

분재로 온 손님 뒤뜰을 내어주니
의젓하게 가시골에 자리 잡았다.

꽃피고 새 울다 날아가면
무표정한 얼굴엔 환한 미소 가득하여
햇살도 덩달아 흥겨워했다.

드높은 하늘에 기러기 떼 날고
쓸쓸히 마른 잎 떨어지면
앙상한 가지에 벌레 먹은 모과

우직한 몸매에 심지 깊은
햇살무늬 가득한 숨결,
은은한 향기 듬뿍 담고 있다.

단풍

공원의 나무들이
서로 견주기를 하다가
신음 한 자락 깔고
불타는 태양에 잡념을 태운다.

멈추지 않고
붉은 얼룩 맺히며
가쁜 숨을 몰아 울긋불긋 타오른다.

세상을 향해
무엇이 그리 복받쳐 올라
울컥 울음으로 타는가

공원에서도 번뇌가 타고

차가운 가슴들
묵었던 그리움도 다시 탄다.

바람 부는 날

바람이 몹시 불던 날
가슴에 물결이 일었다.

어딘가 외롭게 떠돌던 바람
가지를 조금 흔들었을 뿐인데

믿음과 신뢰가 떨어져
구르다 침묵에 묻힌다.

막힌 생각으로 어눌하게
소통의 통로를 뚫지 못한 채

바람을 몰고 오는 헛헛한 숨결
홀로 애가 타도 조용히
어둠을 녹이는 평온의 등불 밝힌다.

중독증

우리는 모두가
사각 요술 상자에 중독되어 있다.

남편은 인터넷 장기판에
아들은 스마트폰 게임에
나는 텔레비전 드라마 연속극에

열심히 철학하지 않고
애매한 적을 만들어 분노하며
공격하고 눈이 짓무른 사람들

세상을 피해 어두운 공간 대신
외롭고 허한 마음 가득 채워줄

산 좋고 물 좋은 풍경 속
자연의 숨결에 취해보지도 못하고
공연히 마법에 걸려 살아가네.

양미리

중부시장 남루한 골목
좌판 위에 놓여 있는
양미리 두름 위에 아버지가 보입니다.

바다 속 깊은 곳에서
가늘고 긴 원통의 몸으로
지느러미 흔들면서
산란 후 해초 등에 붙어 있는 알들을
보호하다 죽어가는 수컷처럼

추운 겨울날
대식구 목숨 걸머진 삶의 무게를
양미리 짚에 엮어 오시던 아버지 모습
어두운 밤하늘에 별처럼 아련합니다.

언제나 겨울철이면
먼 나라 달려가고픈 고향집에서
무에 졸인 양미리를 깨물면
환호처럼 터지는 깨알 같은 이야기들
소중한 시간 속에서 숨결로 살아납니다.

어린 날의 초상

아들의 월급날
문득,
겨울밤 동생들과 나란히 누워
라디오를 들으며
언니를 가다리던 생각이 난다.

밖에서 발자국소리가 나면
귀를 쫑긋 세웠고
조용해지면 시계를 보았던
그 기다림의 시간들……

고요하고 적막한 밤은
음악에 이끌려 흐르다가
점점 무거워진 눈꺼풀 잠을 좇았지.

언니가 들고 온 알사탕 봉지는
지금도 눈에 선한 겨울밤
아련한 추억이 되어
입속에 그리움의 샘물이 고인다.

겨울 바다

마라도를 오가는 여객선 위에서 보면
쪽빛 물결이 산처럼 솟았다 무너지고
다시 솟아서는 잡념을 뛰어 넘어
선율처럼 누워서 넘실거린다.

하얀 거품은 목화송이처럼
몽실몽실 피어오르다 요술이불을 만들고
엉덩이를 씰룩이며 모든 허물 덮는 파도,
영혼의 팔을 벌려 작은 섬이 되기도 한다.

한때는
세상의 물살이 하도 거세어서
해쳐나가지 못하고 풀빛 주름 만들던
고행의 바다, 끝없는 수평선 위에서
이제는 푸른 숨결 내쉬며 찰랑거린다.

겨울 산행

눈 덮인 겨울 산을
한발 한발 오른다.

아이젠을 걸고
눈과 얼음 위를 오르면
준비 없이 산을 따라가던
푸른 시절이 떠오른다.

다정하면서도 냉정한 설산은
초행길이라 두려웠지만
온힘을 다해 오르고 오르고
끈질기게 도전한 끝에
정상에 오르게 되었다.

산의 가르침은
인생의 지표가 되는
산의 진미를 맛볼 수 있었다.

정상을 오르는 겨울산은
삶의 지혜와 아량을 배우게 하는
큰 스승임을 깨닫게 한다.

몸 따로 마음 따로

고즈넉한 산골 마을에서 쑥을 뜯다가 차 시간에 맞춰 정류장으로 향하는데 다리 건너 반대편에서 버스가 달려오고 있었다. 다급한 마음에 달리는 버스 세우려고 달려가는 나를 보고 그냥 달아나 버리는 버스, 닭 쫓던 개 지붕 쳐다보기도 전에 몸보다 앞서가는 마음, 그냥 시멘트 바닥에 나뒹굴었다. 손바닥에 피어나는 유년의 푸른 기억, 친구들과 뛰어놀다 술래 되지 않으려고 달아나다가 넘어져 몽실몽실 고인 붉은 열꽃 속 파인 골 사이에 때를 놓쳐서 어긋나버린 시간들 화끈거리며 울다가 웃다가 출렁출렁 일어나는 망상의 물결을 밀어내며 서쪽 하늘의 노을을 본다.

Ⅲ. 영혼의 날개

군자란君子蘭 4

주먹을 불끈 쥐고
솟아오르는
봄날의 희망찬 소망

어려움 속에서도
암흑을 뚫고
꽃등이 밝아오네.

모두가 무관심해도
어떠한 난관에도
흔들림 없이

언제나
어김없이 찾아오는

당당한 모습
어두운 세상에 밝은 빛을 주네.

매화차

사내들은 꿀벌처럼
꽃을 보면 윙윙대는가

매화차를 만들려고
금방 터트린 꽃잎만 골라
정성을 다하는데
어떻게 알았는지 벌떼들이
윙윙대며 달려든다.

향기 찾아
주변에서 서성대던 많은 벌들
어디로 날아갔을까

내면의 성숙을 위해

기나긴 엄동설한
추위를 잘 견뎌온 끈기,

찻잔에
아픔을 우려낸 깊고 짙은 향기
팔지 않았는데
저만치 세상사
벌들의 윙윙소리 들린다.

산수유 꽃

송광사 해우소 앞 돌담 위에
아지랑이 타고 아장아장 걸어오는
노란 눈망울들
마디마다 환희를 모아 손에 받쳐 들고
톡톡 터트리며 다가오고 있네요.

춥고 긴 어둠을 잘 참아내고
닫혀 있던 마음도 하나 둘 열면서
몽울몽울 웃음꽃 피워내는
희망의 불꽃이 찬란하네요.

온 누리가 자비로운 마음을 닮은
평온한 극락을 만들며
만나는 이들마다 다정하게
봄의 전령사 숨결 고르네요.

엄나무 순

소름 돋는 가시몸에서
쏘옥 밀어올린 고사리 손
나긋나긋 여린 몸이
뜻밖의 속내, 깊이 받아주네.

계절이 바뀌어도
오직 한자리에 서서
모진 풍상 견뎌내며
힘을 키우고 기를 살리는 손

험한 세상 부대끼는 삶 속에
속울음 신음소리 들리는지
버들개지 눈뜨듯 뽀송한 눈으로
따스하게 어루만지는
어린 천사의 약손이라네.

돌미나리

밭 언저리 습지에서
겨우내 잠자던 생명들
뻐꾹새가 봄을 알렸나
모두 일어나 군락을 이루었네.

건너편 둔덕 매화꽃
반갑다며 눈인사할 때
민들레 제비꽃도 덩달아
"나도요, 나도" 하며
미소를 보낸다.

하늘에 흰구름 떠 가다
문득 비 내리면
푸르름 한 움큼 밀어올린 녹색잎,

어지럼증 잡아주고 독소 해독하려고
봄바람 살며시 햇살 속에 숨네.

창가에 서면

창가에 서면
눈부신 아침 햇살에
어둠이 밀려가고 밝음이 오네.

가까이 들려오는 봄소식에
고무나무 개운죽 홍콩야자
팔손이까지 반질반질
벅차오르는 기쁨에
진초록으로 발돋움하고,

겨우내 웅크리고 지내던
동백꽃과 군자란이 꽃등 환하게 켜며
어머니 품속 같은 불을 지피네.

고요한 창가에
투명한 햇살 내려오면
맑고 밝아지는 가슴
혼신이 녹아내리며 생기가 솟네.

찔레꽃

남한강가에
청순한 웃음들이
옷깃을 잡아당긴다.

살포시 다가앉아
눈을 지그시 감고
향기 삼매경에 빠지다보면
어느새 강바람은
떨림의 소리로 가슴을 찌르며
유년의 그리움을 불러 모은다.

보리 그을림 비비던 손,
떫은 찔레 순 꺾어먹던
해맑은 웃음들까지

넝쿨 속 넘나들며 가지마다
하얀 꽃등에 불을 켠다.

봉선화 꽃물

도솔산 도솔암에 들렀다가
그곳에서 키워 말린
피마자 잎 한 봉을 사왔다.

끓는 물속에서
너풀너풀 피어나는 여름밤의 추억
언니와 함께 다정히 평상에 앉아
봉선화 꽃물 들이던 기억이 가슴에
꽃물처럼 번지며 아려온다.

지금은 모두 떠나고 없는
고향집 뜰 앞, 할아버지와 함께
봉선화 채송화 백일홍 활련화
맨드라미꽃을 가꾸던 추억이

가슴 한 켠에 늘 자리하고 있다.

어려운 시절 어느 밭둑에서나 펄럭이던
쌉쌀한 나물, 넓은 잎이
지금은 고가 특산물이 되어
내 유년의 동심을
도솔산에서 건져 올렸다.

영혼의 날개

잘려진 통나무에서
아카시아꽃이 피었네.

땔감으로 베어진 장작더미에서
영혼의 날개가 돋아나는가.

깊은 사랑 자애로움으로
고난을 뛰어 넘는 혼불
천연 항암성분 향기를 내뿜는가.

어지러운 세상에서도
나부끼는 자비의 손길이
가슴에 아린 상처를 어루만지는가.

은구슬

김장 무를 심으려고
풀을 뽑는데
갑자기 소나기가 내린다.

젖어드는 냉기 견디다 못해
토란잎 속으로 몸을 숨기고
토란대로 우산을 썼다.

비 그친 뒤 토란잎 위에 펼쳐진
찬란한 방울 방울들,
어둠을 잠재우는 정갈한 모습
하늘을 우러르며 참선을 하네.

민들레 2

적막강산에
대가족이 옹기종기 모여앉아
집을 지키고 있다.

주인은
욕망의 불꽃이 타올라
그 불길 따라 떠나버린 빈집,

계속되는 가뭄으로
대지는 바싹바싹 타들어가고
가슴도 타들고 있는데

식구들은 투혼의 정신으로
올라오면서 올라오면서

주인을 기다리고

다 내어주면서 몸 보시를 한다.

오렌지 재스민

베란다 창가에 해맑은 얼굴
엷은 햇살에도 그윽이 피어
향기 가득하더니

매사에 분주하여
눈길 주지 못하는 동안
어느새 시들시들
목숨 태워 날아갔습니다.

언제나 곁에 있어주던
정겨운 언니같이
마음을 다독이던 숨결은
새록새록 온몸을 차오르며

재스민의 짙은 향처럼
세월이 흐를수록
그리움이 더 깊어
오늘도 가슴에서 소용돌이칩니다.

책 읽는 놀이터

석정 초등학교에서 3, 4교시
'책 읽는 놀이터' 수업을 하였다.
손에 손을 잡고 둥글게 둥글게

말 이어가기 놀이를 하고
동화 속 주인공을 손수 만들어
역할극도 하게 하면
선생님과 학생들은 모두 하나가 된다.

동화 속의 인물들 목소리로
이야기를 진지하게 들려주면
똘망똘망 눈망울이 데굴데굴 구른다.

어린 가슴들이 팔딱팔딱 뛰면서

즐거워하다가 슬픈 표정이 되어
무언가를 깊이 생각하게 하는 놀이
나의 어깨에 날개가 달린다.

서글픈 문자

손 전화에 입력된 '강화 할머니'
문자 하나 지운다.

낯선 곳에서
따뜻한 이웃이 되어주신 고마운 분,
갑자기 손자가 멀리 떠나고
외아들 발길이 끊기면서부터
농사도 짓지 않고 외로워서 병이 났다.

자식들이 있는 데도 얼마 전까지
각설이처럼 동네를 이집 저집 떠도셨는데
어느 날부터 교신이 끊겨
편지함에 세금용지 가득하다.

텃밭에서 풀을 뽑고 있으면
어디선가 나를 보고 달려오실 것만 같은
시설에서 빈 하늘 바라보고 계실
할머니 생각에 가슴이 아려온다.

사랑의 자물쇠

서울 타워 옆에는
수많은 사랑의 자물쇠를
걸어 놓았다.

그 언약은 담장이 되고
예쁜 트리가 되어 커플을 꿈꾼다.

정월 대보름날
간절한 마음을 달에게 보내던
그리움이 살아난다.

사랑의 방식은 변해도
풍물놀이는 여전히 이어지는 남산

자물쇠가 꿈과 사랑을 영원히
이어줄 수 있도록
밝은 달빛 아래서 두 손을 모은다.

양파 액

무더위에 친구가
무공해 양파를 건네주었다.

까면 깔수록 뽀오얀
친구의 마음 같아서
가슴 항아리에 가득 담아
심정을 품으니 속정이 살아난다.

탁한 세상에 서로 서로
얼굴 비비며 정을 풀어내면
외로움이 녹으며 농축되어
깊고 진한 효소가 된다.

말라가는 인정에 활력소가 되어

한없는 기쁨을 주는 연정,
혈관에 피를 맑게 해주고
삶의 생기가 살아나게 한다.

고추씨

모처럼 맑은
아침 햇살 같은 환성이 쏟아지는
붉은 주머니 속의 노랑돈.

여름내 무서운 폭우에 시달려도
굳세게 살아남아
선홍색 몸속에서 미래를 꿈꾸며
대를 이어갈 복주머니 속의 후손들.

국지성 호우로 어두운 세상에
우량종이 되어
끈질긴 인내 다짐하자고
서로서로 안아주는 매운 가족.

토촌土村

인천 차이나타운 언덕을 넘어가면
참새와 잉꼬새가 날아다니는
색다른 찻집이 있다.

천장에는 예전처럼 전깃줄이 있고
그 줄에 앉아 재잘대던 새들은
넓은 공간을 이리저리 날아다니며
찾아온 손님들을 반기고 있다.

물레방아 돌고 도는데
수레바퀴 의자에 앉아 국화차를 들고
담소를 나누면 향긋함이 도시를 떠나
한적한 시골에 와있는 착각을 하게 된다.

장작 타는 송진 냄새를 맡으며
참새가 재잘재잘 말을 걸어오는
현대 속의 과거가 살아 숨쉬는
그리운 고향집 뜰 안인가 싶다.

묵은 지

외할머니에게서
묵은 지 냄새가 난다.

한 여인이 결혼해서 딸을 낳고
그 딸이 딸을 낳아
외할머니가 되는 동안

설렘과 시름이 쌓이고 쌓이는
가슴에서 아름다운 이야기가 살아
묵은 맛을 살려내게 되는가.

세월을 머금지 않으면
살아나지 않는 그 맛
고향을 떠나온 사람들이

언제나 그리워하는 그 맛

어릴 적
어머니의 향수가 깃들여 있는
포근함 속에서 살아 숨쉬는
어머니의 어머니 맛
묵은 그리움의 맛이 산다.

따끈한 차

호수공원 길목 슈퍼 앞에
멀쑥하게 서있는 자판기

내 동전 삼백 원을 삼키고
배 째라는 표정이다.

배를 두드리고 옆구리를 두드려도
영 시치미를 떼는 무표정

가만히 들여다보니
녹슨 구멍에 동전이 차 있다.

욕심을 버려야 텅 빈 가슴 채우며
뜨겁게 담길 것을.

숨어 있던 탐욕들이
따끈한 차 한 잔에
부끄러워 쏟아져 내린다.

폐선

을왕리 바닷가 선착장에
외롭게 정박 되어 있는 낡은 배

만선을 꿈꾸며
바다 위를 떠다닐 때는
갈매기들도 신나게 따랐었는데
어느덧 늙고 병들어
조용히 해변에 누워 있다.

여기가 목숨 다할 때까지
머물 안식처인가

부서진 갑판에 붉은 녹물만 남긴 채
그리움의 바다 물빛을 바라보다가

먹먹해지는 가슴,
갈매기소리 위로 받으며
일몰을 기다리고 있다.

남산의 오솔길

남산을 오르는 길목에
빨간 단풍잎, 노란 은행잎으로
하트 모양을 만들어 놓았네.

젊음이 샘솟는 산책길에서
왠지 설레며 아파했던 가슴
불꽃처럼 타고 있는 열정은

바람이 불면 멋대로 구르다가
서로 얼굴 비비며 당기는 연민
오랜 시간 흘러도 이 길은

동쪽에서 바라볼 때처럼
어둡지 않은 풍요, 서쪽의 붉은
노을이 정겹게 다가오네.

산골 풍경

눈 덮인 첩첩산중 노부부가 사는 집에
겨울 방학이 되자 손자들이 찾아왔다.

할아버지는 활처럼 굽은 몸으로
장작을 패시고
할머니는 군불을 지피시는데

아홉 살 여섯 살 형제는 자연을 아는가
처마 밑에 고드름을 따서 먹기도 하고
칼싸움을 하며 놀다가
문득,

빨랫줄에 걸려 있는 비료포대를 들고
언덕으로 달려가 눈썰매를 탈 때

구름 속에 뭉게뭉게 떠다니는 소녀
아이들과 썰매 타며 엉덩방아를 찧는다.

눈송이 펄펄 날리는 동구 밖에서
얼음을 지치던 오롯한 이야기
눈송이처럼 쏟아져내리는 언덕

할머니 군불 연기처럼
그리움이 새록새록 피어나고 있다.

앉은뱅이 스케이트

꽁꽁 언 산정호수에서
코트자락 날리며 썰매를 탄다.

유년의 고향 언덕
빙판 위를 쌩쌩 달리며
즐거워하던 머슴애같이,

손발이 꽁꽁 얼어도
무엇이든 마다 않고 놀던 옛 시절이
바람처럼 스치는 호숫가에서
그리운 날개를 휘저으며 달린다.

유리알 같은 얼음을 콕콕 찍으면
밤하늘 샛별처럼

초롱초롱 빛나던 총기
다시 불러 모으며 노을 속을 달린다.

까마중*

선유도 가는 길에
할아버지 담배연기 속에 사라졌던
까만 추억이 하얀 이를 드러내고
반갑게 웃고 있다.
친구들과 뛰어 놀다가 허해지면
포도알 만큼이나 달고 맛있는 열매를
서로 다투며 한주먹씩 입에 넣었던
유년의 작은 알갱이들,
입속에서 톡톡 터지며
보드랍게 혀에 감기는 이야기가
할아버지의 하얀 안경알 속에
하나 둘 번득이고 있다.

*까마중- 가지과에 속하는 한해살이 식물로 하얀 꽃이 피고 가을이면
녹색 열매가 달리는데 점점 검은 색으로 익어간다.

Ⅳ. 가을편지

가을편지

단풍잎 물들 때 편지를 쓰면
파란 잎에 노란 글씨
노란 잎엔 붉은 글씨
헐떡이는 여름 삼킨 마음 담아서
신음하던 울음은 불꽃이 되네.

절묘한 절경 딛고 피어난 꽃잎
꽃 편지 날아서 하늘을 가면
별나라 어머니 받아보실까
반가움에 환한 미소 화답하실까.

단풍잎 물들 때 편지를 쓰면
산 넘고 물 건너 바람을 타고
고향집 뜨락에 노을이 피어
빙하 같은 삶 녹아내릴까.

가을이 오면

코스모스 하늘하늘 손짓하는
가을이 오면
햇살 속에 떨림으로 다가오는
그대의 미소가 정겹네.

고추잠자리 날갯짓에
하늘은 더 높아가고
스며드는 바람결에
억새의 숨결이 추억을 부르네.

들꽃들 무리지어 피어나는
향기로운 들길을 걸으면,
가슴에 안겨오는 그리움
잊을 수 없는 기억의 잔상들

오늘 따라 마음을 설레게 하네.

풀벌레 울음도 정겨운
깊어가는 하늘에 기러기 날고
호숫가 잔잔한 물결 위를
노을빛에 갈대가 스카프처럼 날리네.

금잔화

어디서나 반갑게 환한 얼굴로
세상의 모든 시름 덜어주네.

늦은 봄 시집와서
가뭄에도 끄떡없이 견디며
텅 빈집 훈훈하게 지켜주더니

쓰리고 아픈 한숨에 꽃 진 자리
머물다 지나가면

엷은 햇살 그리며 누운 채
희망이 밝아오는 새날을 위해
지는 해를 재촉하고 있네.

친구

묵은 지에 골마지가 끼었다
항상 감칠맛 나는 친구였는데
온난화 현상으로 변한 맛
서러움이 밀려온다.

언제나 대화할 때
화통하게 웃는 모습
가슴 언덕에 꽃잎처럼 나부끼는데
무엇에 토라져 무소식인가.

새콤달콤한 맛 활력소를 준다지만
탁하게 변질된 김치라도
내다 버리고 싶지는 않다.

소통이 단절된 답답한 가슴에
마음의 문을 활짝 열어
시원한 바람이 통하는
곰삭은 친구가 그리워진다.

봄을 캐다

뜰 앞 덤불 속에서
쑥 올라온
쑥을 캡니다 봄을 캡니다.

추운 겨울 웅크리고 잠을 자던
암흑 속에서 활활 타오르는
불같은 생명

남보다 먼저 꿈을 만들고
남보다 먼저 사랑을 키워
향기 품어내는 일등공신

새로운 시작을 알리는
설렘 속의 향긋한
봄을 캡니다 희망을 캡니다.

봄비 속에서

비바람 거세게 불어와도
봄을 맞이하는 눈빛은
모두들 별이 새로운가보다.

저마다 가슴에 품은 꽃등,
불을 환희 밝히며
삼라만상 활활 타오르는가보다.

나의 가슴도
선원사 법당에서 타올라
文房四友들과 함께
감격의 순간을 누리는 중……

비바람 불어와도

어둠 속 노을로 꽃피는
산을 태우는 열정
꺼질 줄 모르는 봄볕이 뜨겁다.

진달래 축제

진달래 능선에
불씨가 살아나 꽃으로 피네.
활활 타오르는 꽃구경하려고
삶이 겨운 개미처럼 줄을 지어
언덕을 오르는 사람들……

숨이 혁혁 막혀도 즐거운
자연 속 생명의 불길은
붉은 깃발 펄럭이며
길을 잃고 헤매는 이들에게
산길을 향도하고 있다.

온 산이
맑은 영혼으로 춤을 추며

미소 짓는 얼굴들은 등불이 되어
어두운 마음도 밝게 하고 있다.

꽃 잔치

오늘은 행복하기로 하자

길을 나서면
제비꽃 민들레꽃 방끗거리고
벚꽃들이 탐스럽게 흐드러져
행복을 안겨주는 오늘,

담장 안에 우아한 자목련
은밀히 미소 짓고
담장 밖에 개나리 환희를 외친다.

홀로 문수산 등성에 오르면
온 산이 진달래꽃으로 불타
내 가슴도 함께 탄다.

세상사 매일 매일
칼바람 부는 날들이지만
내일의 걱정일랑 내려놓고

꽃그늘 아래에 앉아
노을빛을 바라보며
오늘은 마음껏 행복하기로 하자.

무의 꿈

신문지에 말아놓은 무
아이스박스 안에서
노랑머리 숨결 보이네.

흙속에 묻어 두었던 때처럼
칼바람 속에서도 바람 들지 않고
보란 듯이 탱탱한 몸매,

막막한 어둠에도 굴하지 않고
스스로 일어난 동량재棟梁材

가문을 지키고
세상을 지키는 기둥 되려고
깊고 넓은 가슴으로
헛되지 않은 꿈을 키웠네.

달팽이 가족

민들레 잎 뒤에 오골오골
달팽이 가족이 숨어 산다.

눈물 같은 이슬 핥고
그늘을 살아야하는 슬픈 생명

어둠에서 살기 위해
무거운 짐을 지고 이사할 때는
발길에 채이면서 아파도 한다.

힘겨운 삶을 견디며
더듬더듬 살아가려면
허한 속 채워주는 약초가 필요했을까

느려도 존재감으로

옹기종기 붙어 있는 달팽이 가족

고개를 파묻고 우는 듯 웃는 듯……

오직 한마음

- 매실농축액

척박한 땅에
매실 나무를 심었더니
열매가 주절주절 열렸다.

텃새가 마구 쪼아대고
망상의 물결이 출렁거렸지만
긴 시간 기다리며
따스한 햇살이 조금씩 품어준 덕에
상처에 새살이 돋았다.

탐스러운 열매를 한 아름 안아
어머니 품속 항아리에 담고
달콤한 생각들을 가득 채워 넣으니

세상이 온통 푸르다.

오직 한 마음으로
나를 삭히고 삭히면
미움은 사랑으로 농축되어
달콤한 농축액은 몸속에서
아픔을 치유하고 기를 살린다.

복중伏中에

이웃사촌같이
인정 많은 장터를 찾는다.

과일, 야채, 잡곡, 고추, 마늘 등 농산물에서
이불, 옷, 철물점 물건까지 골고루 펼쳐져
웅성거리는 풍물장터.

폭염으로 대지는 닳아 올라
들고 나온 푸성귀를 팔아야 하기에
쪼그리고 앉은 할머니들은
드문드문 지나가는 사람들의 눈을 맞추려 애를 쓴다.

몇 바퀴 돌다가 필요한 물건 앞에 서니
상인은 보이지 않고 물건만 손님을 가다린다.

허한 마음 막걸리 사발로 푸는 상인에게
숫돌 하나를 들고 돈을 건네니
“행복한 날 되십시오.” 한다.

찌는 듯한 더위에도 덕담에 인정이 넘치고
보신탕을 먹은 듯 시원했다.

도배사

방의 얼굴에 성형을 한다.

주걱턱을 깎아내고
주저앉은 코는 세워가며
시간이 덕지 앉은 주근깨도 벗긴다.

혼탁한 세상에서 살아남기 위해
갈기갈기 찢긴 상처도 메워주고
날렵한 손놀림으로
시련과 고통을 넘나들며
정교하게 감싸는 묘기의 손길,

말끔하게 정돈되어 환해진 얼굴에
어둠이 사라지고 밝은 햇살 가득하면
새 신부가 되어 새 날을 꿈꾸게 한다.

들국화

봉정암 바위틈에
들국화가 화사하게 피어 있다.

10년 전 이맘때
외롭게 떠나가신 어머니
늘 그리워 헤매었는데

이 먼 곳에
딸이 올 줄 어떻게 아셨을까
먼저 오셔서
다정한 소리로 부르시는가.

화가 이중섭

- 길떠나는 가족

독특한 인물이
비정한 시대에 태어나
고분 벽화를 보고 꿈을 키웠건만
험난한 역경을 넘지 못한 채
그림에 불을 지피기 위해 길을 나선다.

끝없는 심신의 피로와 절망 속에서
삶의 애환을 그리고 그리고
가난의 공포를 잊고자
미친 듯이 붓을 놀렸지만
그림이 밥이 되지 못해
소달구지에 가족을 태우고 길을 떠난다.

깊고 그윽한 눈으로 하늘을 보고
외로운 길을 뚜벅뚜벅 걸으며
온갖 고난을 겪으면서도 살아남아
평화로운 삶을 위하여
분노와 광기를 함께 실어 떠난다.

연잎차

어둠을 사르고 솟는 태양처럼
언 몸을 녹이며
따사롭게 피어나는 숨결

지친 목을 통해서
흘러드는 설레임
햇살 속에 투명한 이슬로

마셔도 마셔도 거부하지 않는
내면을 살피며 아상을 녹이는
연지 속 평화 우러나오는 향내

혼탁한 세상에 후덕한 훈김은
흔들리는 심신을 잡아주며
허기를 채우는 보살의 마음.

장터에서

추석을 앞둔 장터는
생기가 살아나 활기가 넘친다.

할머니들이 손수 채취한
고사리와 도라지,
굽은 삶이 힘줄로 살아나듯
함지박 가득 넘치는 은혜

정겨운 장터에서
아버지 따라 허름한 국밥집

허기가 묻어난
기억을 더듬으며
수저를 드는데

아버지가 저만치 오신다.

아버지가 따라주신 막걸리
그 사발 눈에 선하여 목이 멘다.

우리 동네 이씨

이른 새벽 담배를 물고
집을 나서는 우리 동네 이씨
구름을 잡겠다고 동분서주한다.

정해진 곳은 없어도
좁은 취업문 두드리지 못하고
비가와도 눈이 와도
허기진 배를 채워주는 일터.

비록 엑스트라지만
자유로운 영혼으로 하루하루
담배에 불을 붙이며 궁리하고
연기할 수 있는 무대를 찾는다.

오늘도

소 앓는 소리를 내는

부모 등골 빼지 않으려고

빈 마음으로 산업시장을 찾는다.

하안거夏安居를 마치고

명부전 지장보살님께
참회의 기도를 올립니다.

'산아제한'이라는 시대 환경의 물살이
거세게 몰아쳐 밀려왔어도
혜안이 어두워
수억의 경쟁 뚫고 잉태된 새 생명을
지키지 못한 죄 참회합니다.

바다 속 깊은 곳에서 밝은 햇살 꿈꾸며
세상 밖을 동경했을 핏덩이들
부모 곁에 닿지 못하고 사라져간 목숨들께
진심으로 참회합니다.

무지와 오만이 가득하여
허공에 떠도는 영혼들을
거두지 못한 죄 참회하오니
모든 분노 놓아 버리고
천상세계로 훨훨 날아갈 수 있도록
무량복락 극락왕생 발원합니다.

우정의 보금자리 영원하리

- 졸업 50년을 맞이하며

113년의 전통과 역사를 자랑하는 모교에
은발을 날리며 모인 늠름한 모습들이여!
관악의 배움터에서 수정처럼 맑은 눈으로
미래의 꿈을 펼쳐가던 그때의 모습이 선합니다.

구한말 개화기 역동의 물결 속에서 태어난
서울공업고등학교가 백여 년의 역사를 지니게 된 것은
힘든 역사의 소용돌이 속에서도
흔들림 없이 협동과 봉사 정신으로
기능인의 길을 닦아온 모교의 건학정신입니다.

힘들거나 즐거울 때 함께 모이고
기쁨과 슬픔을 함께 하며 열심히 견디며 살아왔기에

우리들은 강이 되고 바다가 되어 겨레의 물결로
조국 재건의 선도 역할을 할 수 있었으며
빛나는 문화의 꽃을 피워왔습니다.

학창 시절의 추억들은 너무도 정겨웠고
아름다운 미덕은 50년 세월이 흘러도
죽마고우들 고희를 맞아 흰머리 날리면서도
우정의 보금자리에 아름다운 웃음꽃 피어납니다.

- 2012. 10. 23.

작품해설

겨울 담쟁이의 向陽意志

- 황송문 -

겨울 담쟁이의 向陽意志

黃松文

詩人·선문대 명예교수

‘겨울 담쟁이’ 하면 가파른 담장을 기어오르는 담쟁이덩굴을 떠올리게 된다. 포도나무과의 낙엽활엽 덩굴나무는 담장덩굴이라든지, 돌담장으로 일컬어지기도 한다. 돌담이라든지, 산골짜기의 풀 밑에서 자라 오르기 때문이리라. 하늘로 하늘로 태양을 향하여 향양성의 의지로 뻗어 오르되 붙으면 떨어지지 않는 흡착근吸着根이 생기게 된다.

왜 협착근이 생길까? 표제작으로 선택된 「겨울 담쟁이」에도 표현되어 있는 바와 같이 “험난한 세상”이기 때문이리라. 이 시에서는 겨울 담쟁이가 가파른 석벽을 오르듯 직각의 고딕 건축물에서 아슬아슬하게 로프에 의지한 채 유리창을 닦는 젊은이의 위험스런 현장으로 의인화되어 있다.

김복희 시인의 '겨울 담쟁이'는 비정규직 노동자와 정규직 노동자 사이의 간격이 넘기 어려운 벽으로 형상화되어 있다. 여기에서는 '담벼락'이라든지, '벽'이라는 말이 나오는데 겨울 담쟁이덩굴의 몸짓을 통하여 '험난한 세상'이 반영되어 있다.

인도의 시성 R.타고르는 다음과 같이 말했다. "우리는 나라와 나라를 가르고 지식과 지식을 가르고 사람과 사람을 가른다. 이렇게 하기 때문에 과연 우리가 세워놓은 장벽 너머에는 무엇이 있는지를 의심하는 마음을 강하게 일으켜 준다. 따라서 모든 것이 우리의 인식 속으로 들어가기 위하여 맹렬히 투쟁하고 있는 것이다."

또한 C.V.게오르규도 "벽은 상호간의 이해를 막는다. 처음엔 방어를 위해 벽을 쌓지만, 그것은 곧 분리의 벽이 되고 만다."고 피력했다.

찬바람 부는 세상에서
취업하기 위해

담벼락을 기어오르는 젊은이들

밤낮으로 도전해 보지만
높은 벽을 넘지 못한 채
비정규직으로
아슬아슬 담장에 붙어 있다.

열심히 하라고 잘할 수 있다고
믿어주고 챙겨주는 이 없는
험난한 세상에서
남의 집 담을 넘듯 위태롭다.

언제쯤 정규직이 되어
바로설 수 있을까
끊길 듯 밧줄에 악착같이 달라붙어
빌딩 유리창을 위태롭게 닦고 있다.

- 「겨울 담쟁이」 전문 -

여기에서는 '겨울 담쟁이'와 '담벼락을 기어오르는 젊은이'가 동일시되고 있다. 세파의 높은 벽을 넘지 못한 채 좌절하곤 하는 비정규직 젊은이에 향하는 측은지심이 여실히 드러나고 있다. 이는 마치 강의 시멘트 턱에 걸려 넘지 못한 채 산란을 못하고 좌절하는 연어처럼 위태위태 불안한 상황을 제시하고 있다.

비정규직 젊은이가 동아줄에 매달린 채 고층빌딩 유리창을 위태롭게 닦고 있는 상황을 설정하여 겨울 담쟁이와 병존시키고 있음을 알 수 있다. 이것은 한 개인의 문제인 동시에 사회의 축도요 굴광성식물 같은 향양의지를 나타내기 위해서 '겨울 담쟁이'를 차용하고 있음을 알 수 있다.

이는 무한한 하늘과 태양을 향하여 줄기차게 뻗어나가는 '겨울 담쟁이'를 통해 사회의 남루한 약자를 위해 주고자하는 후덕한 인의仁義의 희망공간을 희구하고 있다 하겠다.

맨발로 절벽을 오르듯
백자 화분에
하얀 뿌리를 걸치고 있다.

어떤 고난도 물리칠 기세로
밤새 작은 봉오리 매달고
쭉쭉 뻗으며 정진하고 있다.

학처럼 하얀 날개 펴고
선녀처럼 날아서 신비경 보이며
그윽한 향기 피워내기를

간절히 발원하는 지혜의 눈
방울방울 바람을 타고
아기별 꽃등 환하게 밝히네.

- 「풍란」 전문 -

이 시는 「겨울 담쟁이」와 같은 계열의 혈통이다. 여기에서도 식물성 정신의 상승의지를 내비치고 있기 때문이다. 향일성으로 발원하는 상승의지를 '풍란'이라는 사물에 빙자하여 '풍란'이 지닌 바의 성격대로 품위와 운치를 살리고자하는 저의가 표현된 직품이다.

이러한 계열의 상승의지를 나타내는 작품으로는 「분수」도 있다. "산정호수 위를/ 선녀처럼 날개를 펴고/ 하늘로 피어오르는/ 진혼의 나팔소리 퍼진다. (생략) 바람의 선율을 타고/ 물결 위에 반짝이는 염원의 날개,/ 병풍 같은 명성산을 바라보며/ 흔적 없는 영혼이 날고 있다."에서 우리는 앞에서 나타낸 성격과 닮은 상승의지를 감지하게 된다.

단풍잎 물들 때 편지를 쓰면
파란 잎에 노란 글씨
노란 잎엔 붉은 글씨
헐떡이는 여름 삼킨 마음 담아서
신음하던 울음은 불꽃이 되네.

절묘한 절경 딛고 피어난 꽃잎
꽃 편지 날아서 하늘을 가면
별나라 어머니 받아보실까
반가움에 환한 미소 화답하실까.

단풍잎 물들 때 편지를 쓰면
산 넘고 물 건너 바람을 타고
고향집 뜨락에 노을이 피어
빙하 같은 삶 녹아내릴까.

- 「가을편지」 전문 -

어머니에 향하는 그리움이 절절하게 스며드는 작품이

다. 그리움의 대상은 만남이 불가능한 곳에 있다. "신음하던 울음은 불꽃이 된다."는 말은 그리움의 치열성이 드러난다. "울음의 불꽃"이 그것이다. 아득한 별나라에 가 있을 그리움의 대상을 상기하면서 황혼의 애상에 젖는다. 빙하 같은 삶이 녹아내릴 정도로…….

한적한 길가에
장미 한 송이 피어 있다.

뜨거운 사랑에 데었는지
된서리 맞은 듯 온몸이 얼어 있다.

고즈넉한 담장 아래
선홍색 가슴으로 꽃망울 터뜨리다
멈춰선 채 아픔을 삼키며
해를 바라보는 눈빛이 깊다.

숨이 막히게 그리워도
간절한 기다림으로 제자리 지킨다.
불같은 사랑

불꽃 튕기는 그날을 위해
엷은 햇살아래 담담한 향기 피우며
노을 속으로 빠져드는 그리움
초연히 새날을 꿈꾸고 있다.

-「겨울 장미」 전문 -

이 시에서는 가련한 사물에 대한 측은지심이 발동하고 있다. 사랑과 그리움의 빛깔에 향하는 향양성이 표현되어 있다. 그것은 또한 "해를 바라보는 눈빛이 깊다."에서 응축의 묘미를 보인다.

호미를 들고 시의 밭을 간다
고랑에 소복한 잡생각을 뽑아내면
소록소록 자라나는 시심
고구마 줄기처럼 뻗어나간다.

작열하는 태양 아래서
밭일에 몰두하다보면
따가운 햇볕은 얼굴을 핥고
맺히는 땀방울들

토란잎 위에 굴러 떨어진다.

바람은 어딜 갔을까 두리번거리면
"나도 보아 주세요" 하며
망초꽃 똘망똘망 눈을 맞춘다.

모든 존재가
존귀하게 공존하는 시의 밭에서
살기 위해 버둥대는 몸부림들을
호미로 살살 파서 걷어 올리면
줄줄이 걸려나오는 고구마들
詩의 밭에 불이 켜진다.

- 「시전詩田」 전문 -

여기에서는 고구마 밭과 시의 밭이 한 자리에서 동일시되고 있다. 시의 밭이라는 이상과 고구마 밭이라는 현실이 한 자리에서 동일시되고 있는 것이다. 이 시인은 "호미를 들고 시의 밭을 간다."고 했다. 다음으로 이어지는 시로 보아서 이러한 행위는 상상력을 통한 관념의 움직임이라 하겠다.

마지막 4연을 보면 시의 밭에서 창작과정의 노력으로 인해서 고구마가 줄줄이 걸려나오듯 시가 생산되는 즐거움을 은유적으로 표현하고 있다.

불꽃은 가녀리게
흔들리고 떨면서도
어둠을 밝히려 하네.

삶은 그네타기
이리저리 흔들리는 심지를
오직 지극한 신념으로

흔들리다 바로 서고
떨면서 털어내야 하는
무한한 정화의 시간

어두운 세상에
자유로운 밝음이 오길
간절히 몸 사르며 기원하네.

- 「촛불」 전문 -

이 시는 인생이란 그네타기와도 같은 것이라는 교시를 주고 있다. 흔들리기 쉬운 세파에 시달리면서도 바르게 살고자하는 자각의지를 내비치고 있다. 어두운 세상에서도 인류 보편적 소망과 행복을 추구하고 있다.

녹슨 휴전선 철조망
구멍 뚫린 철모 사이에
망초꽃이 피어 있다.

포성도 멈추고
포연도 사라진 골짜기에
무슨 생각에 웃고 있는가.

슬픔이 넘쳐넘쳐
미움도 침묵하다가
회한의 손을 흔드는가.

산비둘기가 시간을 쪼아 먹는
음산한 지뢰지대에서
철모를 뚫고 올라온
꽃들도 미쳤는지 손을 흔든다.

- 「철조망 가에서」 전문 -

전쟁의 상처를 통한 아픈 현실이 구체적으로 표현되어 있다. '철조망'과 '망초꽃'이라는 대조적인 사물을 통하여 아픈 현실을 치열하게 그려내고 있다. '구멍 뚫린 철모'라든지, '음산한 지뢰지대'에서 철모를 뚫고 올라온 비현실적 현실을 통하여 아이러니 기법으로 비극성을 더욱 증폭시키고 있다.

긴 세월 목이 말라도
사랑의 열정을 쏟아 부으며
불길 세차게 당기더니
마침내 오아시스를 만나
빨간 영혼 꽃이 피었네.

비바람 몰아쳐도
흔들림 없는 품격으로
신비스러움 간직하며
신성한 열정의 홍등을 달았네.

- 「선인장」 중 후반부 -

자신을 지키고자 하는 강한 의지를 보이고 있는 시다. '사막의 오아시스'라는 말처럼, 난관을 극복하는 초월의지를 '선인장'을 통하여 형상화하고 있다. 그의 시 「시클라멘」도 「선인장」과 같은 유형으로서 강한 의지를 드러내 보이고 있다.

시클라멘은 겨울에 개화하는 꽃으로서 고진감래苦盡甘來를 내비치고 있다. 처음 1, 2연(초겨울 창가에 따스한 입김으로/ 여름내 목말랐던 갈증을 푼다.// 끝없는 열기를 온몸으로 막으며/ 속으로 참았던 은밀한 눈물)과 마지막 연(가슴엔 운무가 걷히고/ 맑은 숨결이 광명으로 다가온다.)의 표현이 그것이다.

냉장고 아늑한
검은 봉지 속의 생명 하나
오래도록
꿈을 잃지 않았네.

물 한 모금 없이
어둠의 긴 시간을

겹겹이 끼어 앉은 욕심의 끈을
하나 둘 내려놓으며

몸은 사위어 가도
하얀 맨발로 굳건히 일어서
꿈을 키워온 긍지
세상 빛이 환이 보이네.

- 「양파」 전문 -

하찮은 사물(양파)에서 생명의 경이를 발견하고 의미를 부여하는 작품이다. 미시적 현미경적 눈이 확대되어 거시적 망원경적 눈이라는 우주의 섭리로 유추하고 있다. 냉장고에 있던 검은 봉지 속의 작은 생명이 오랫동안 꿈을 잃지 않고 있다가 물 한 모금 없이 어둠의 긴 시간을 견디어 내다가 마침내는 환히 보이는 세상 빛으로 되살아난다고 경이로운 생명의 부활의지를 나타내고 있음을 보게 된다.

김복희 시인의 시 「비움의 수행」에서는 내적인 무지를 청산하고자하는 종교적(불교적) 사고가 엿보인다. 외적인 무지를 극복하기 위하여 과학이 나왔다면, 내적인 무지를 청산하기 위하여 종교가 나왔다. 그러므로 인간은 생존을 위하여 종교와 과학을 떠나 살 수 없게 되었다.

이 시의 첫 연(무지를 청산하기 위하여/ 낡은 의식의 문을 열어젖힌다.)과 끝 연(죽비 치듯 몸속을 겨냥하며/ 깨달음의 침을 놓고 있다.)의 중간에 "비워야 담기는 것"이라는 시구가 잠언처럼 반짝인다. 이는 종교적 소양에서 오는 돈오頓悟의 자각이라 하겠다. 삼독 중 탐심을 극복하고 청산하고자 하는 신심이 내비치는 작품이다.

불붙지 않으려고
솥을 걸어 물을 붓고
부글부글 잡생각을 끓이다보면
끓는 물에 평화가 온다.

노을이 사라지기 전에
갈등과 대립의 화약고를 탈피해서
재빠르게 빠져 나온
여백의 시간
시 하늘과 시 바다에 불을 붙인다.

-「성냥개비」 중 후반부 -

모든 인류의 양심은 생명을 존중하고 평화를 희구한다. 이것은 세계 인류가 바라는 보편적 진리다. 이 시에서는 불과 물의 대립적 갈등구조를 그 사이에 '솥'이라는 매개적 완충지대를 장치함으로써 조화와 평화를 가져오겠다는 착상이 구체적으로 형상화되어 있다.

모든 희로애락은 인간과 인간의 관계양상에서 온다. 행복과 불행은 이 인간관계의 조화 여부에 달려 있다. 그렇게 보면 이 시는 슬기로운 착상이 구체화된 작품이라 하겠다.

김복희 시인은 마음의 평화를 자연의 사물에서 더 찾는 것 같다. 대자연은 신의 속성이기 때문에 접하면 접할수록 신에게 다가가게 되고, 마음의 평정을 찾게 마련이다.

이 시인의 시 「찔레꽃」에서는 천진성이 살아난다. 이 시의 마지막 부분에서는 "보리 그을림 비비던 손,/ 떫은 찔레 순 꺾어먹던/ 해맑은 웃음들까지/ 넝쿨 속 넘나들며 가지마다/ 하얀 꽃등에 불을 켠다."고 마무리하고 있다. 시심은 동심과도 통하고, 농심과도 통한다. 유년시절의 회상이 찔레 순처럼 싱그러우면서도 순수하게 다가온다.

소리를 짜깁기한다
새소리 물소리 바람소리를.

전선줄에도 악보가 널려 있다
제비들은 지줄지줄 참새들은 짹짹짹짹
마디마디 한음한음
옥구슬을 꿰어가는 神의 손가락.

소리가 조율될수록
피아노 연주에 맞추어
다채로운 소리의 색깔들로
어둠은 밝음에 기꺼이 먹히고

상처는 아름답게 어울려
그리움도 화음이 되어
환희의 불꽃을 튕긴다.

가슴마다 영혼의 날개를 달고
노을에 비상할
소리의 조각보를 만든다.

- 「모자이크」 전문 -

치매 걸린 어른들에게
'어머니' 시를 읽어드렸다.

조용히 감으시던 희미한 눈에
말없이 눈물이 고이고

가슴에 불이 붙는지
점점 세차게 흐느끼신다.

응어리가 풀리시는지
가슴에서 가슴으로 넘나드는
해변의 저녁노을

적막에 휩싸여 떠나가신
어머니의 떨리는 소리 들린다.

- 「복지관에서」 전문 -

앞의 시 「모자이크」가 기교적인 시라면, 뒤의 시 「복지관에서」는 심정적인 시라 할 수 있다. 앞의 시는 우선 "소리를 짜깁기한다."는 표현부터가 기교적이다. 짜깁기란 시각적 형태의식에서 비롯된 회화적이라면, '소리'의 표현은 청각적 음향의식에서 비롯되는 운율적이다.

"전선줄에도 악보가 널려 있다."는 기교적인 표현도 시각적 형태의식에서 비롯된 회화적이라면, "제비들은 지줄지줄 참새들은 짹짹짹짹 / 마디마디 한음한음 / 옥구슬을 꿰어가는 神의 손가락."으로 시각의 청각화를 꾀하고 있다.

모더니즘 시인들이 청각을 시각화(회화화)했다면, 김복희 시인의 시 「모자이크」에서는 청각을 시각화하기도 하고, 또한 시각을 청각화하기도 한다. 이러한 기교는 바로 드러나기 때문에 산뜻한 유광지 같은 빛을 발한다.

그러나 다음의 시 「복지관에서」는 기교가 보이지 않기 때문에 평범함에 잠기기 쉽다. 이는 마치 노자의 비범함과 공자의 평범함에 비견할 수 있겠다. 이 시인은 복지관에서 봉사한 내용을 시로 포착한 것으로 보인다. 치매에 걸린 노인들에게 시(어머니)를 읽어드리니까 눈물을 흘리며 흐느끼는 데, 결국에는 그 소리가 친어머니의 떨리는 소리라는 메아리로 돌아온다는 표현이다.

앞의 시가 기교적이라면 뒤의 시는 심정적이라 할 수 있다. 심정이 내적이라면 기교는 외적이다. 「모자이크」가

처음부터 비범함을 노렸다면, 「복지관에서」는 평범함 속의 비범함을 은근히 바랐는지도 모를 일이다. 아무튼 이제까지 살펴본 김복희 시인의 시세계는 겨울 담쟁이덩굴처럼 빛을 향하여 줄기차게 뻗어나가는 향양의지向陽意志의 표현이라 하겠다.

김복희 시집 겨울 담쟁이

초판인쇄 2014년 11월 7일
초판발행 2014년 11월 12일
지 은 이 김복희
발 행 인 황송문
펴 낸 곳 문학사계
주 소 서울특별시 영등포구 선유로 49
(문래동6가, 미주프라자 B1-102호)
전 화 070-8845-9759
010-2561-5773
팩 스 (02)2676-9759
이 메 일 songmoon12@hanmail.net
등 록 2005년 9월 20일
제318-2007-000001호

값 7,000원
ISBN 978-89-93768-35-0 03810

배포처 자유문고 (02)2637-8988

이 도서의 국립중앙도서관 출판예정도서목록(CIP)은
서지정보유통지원시스템 홈페이지(http://seoji.nl.go.kr)와 국가자료공동목록시스템
(http://www.nl.go.kr/kolisnet)에서 이용하실 수 있습니다.
(CIP제어번호 : CIP2014030182)